Felicidad es…

Grupo ROBIN BOOK

Barcelona - México
Buenos Aires

Felicidad es...

Margaret Hay

Vital
ROBINBOOK

© 2009, Ediciones Robinbook, s. l., Barcelona

Producción y compaginación: DH Contenidos y Servicios Editoriales
Diseño interior y cubierta: MARCAblANCA

Fotografías de cubierta e interior: ©iStockphoto.com/ VIDOK (pág. 3); kaisphoto (pág. 5); VIDOK (pág. 6-9); ooyoo (pág. 10-18); pjjones (pág. 19); Volokhatiuk (pág. 20-28); canon_jack (pág. 29); DeniseTorres (pág. 30-38); Chronistin (pág. 39); vm Vinko Murko (pág. 40-48); phil_oz Phoria (pág. 49); pixonaut (pág. 50-58); JoeBiafore (pág. 59); Gloria-Leigh (pág. 60-68); puchan (pág. 69); Elenathewise (pág. 70-78); mattyb34 (pág. 79); LDF Luca Di Filippo (pág. 80-88); zorani (pág. 89); InvisibleViva (pág. 90-98); Ziva_K (pág. 99); Pannonia (pág. 100-108); lauriek (pág. 109); LICreate (pág. 110.118); NNehring (pág. 119); sandoclr (pág. 120.128); SweetyMommy (pág. 129); mlane (pág. 130.138); nsilcock (pág. 139); YangYin (pág. 140-148); SondraP (pág. 149); Sandralise (pág. 150-158); CreativeImagery (pág. 159); canon_jack, StanRohrer, Jamie Farrant (cubierta)]/MBeLEiCB-MHeLE.

ISBN: 978-84-7927-996-7

Depósito legal: B-9006-2009

Impreso por EGEDSA, Rois de Corella, 12-16, 08205 - Sabadell (Barcelona)

Impreso en España - *Printed in Spain*

Índice

Introducción

Sumérgete en las pequeñas páginas de este libro, en él encontrarás reflexiones que te reconfortarán. Tómate tu tiempo. Coge el libro, cierra los ojos, respira y ábrelo al azar por cualquier parte, vuelve a abrir los ojos, lee con atención y tómalo como punto de partida. Te ayudará en tus decisiones.

Muchos buscan la felicidad sin saber que ésta se construye día a día, minuto a minuto, disfrutando de todo lo que se nos presenta en cada instante.

Lo que todos buscamos, esa ausencia de frustración para sentirnos felices, podemos encontrarlo en la realidad del presente. Una preocupación excesiva por el futuro nos hace perder el equilibrio necesario para vivir ese presente con plenitud y poder gozar de la felicidad que tanto anhelamos. No deberíamos agobiarnos por lo que puede llegar a pasar, pues la vida ya tiene sus propias angustias, no hace falta que le añadamos más.

La felicidad está en ti. La encontrarás dentro de ti mismo. En el interior de cada uno de nosotros hay una luz que nos ilumina incluso en los momentos más oscuros. Nos da esperanza. En los momentos difíciles, búscala y jamás abandones, no te rindas, siempre puedes volver a empezar y hacer que tu vida tenga una meta hacia donde dirigirte, hacia donde proseguir tu camino.

1 Descubrir la felicidad

Margaret Hay

Lo que todos buscamos

Aunque no exista una receta milagrosa para ser feliz, la mayor parte de la humanidad vamos en busca de sus ingredientes. Las indicaciones son muy sencillas, tan sólo hay que sentir, pensar y actuar de acuerdo a una escala propia de valores, de creencias, de convicciones.

Pero... ¿qué son las convicciones?, ¿qué son las creencias? Son ideas preconcebidas y subjetivas, muchas veces subconscientes. Afectan a la forma en que nos percibimos a nosotros mismos y a la visión que tenemos de los otros y del mundo que nos rodea. ¿De dónde proceden las creencias? De nuestro entorno, de nuestra experiencia vital, propia o ajena, del conocimiento que vamos adquiriendo en el transcurso de la vida.

Margaret Hay

Felicidad, creencias y convicciones

Creencias y convicciones pueden servirnos de ayuda para dar forma al mundo en el que deseamos vivir. Tener una escala de valores nos guía en la construcción y obtención de los objetivos que nos proponemos. Éstos deberían de ser alcanzables en un período de tiempo razonable para evitar caer en la temida frustración.

Por otro lado, necesitamos recordar que la mayoría de nuestras creencias son interpretaciones de una realidad y vivimos esta representación mental y personal del mundo como una fuente constante de esperanza o un río de sufrimiento según nuestra actitud ante la vida. Algunas creencias nos proporcionan recursos y otras nos limitan, pero podemos cambiarlas y quizás deberemos hacerlo para progresar.

¿Por qué algunas creencias nos impulsan hacia el éxito y otras hacia el fracaso? Nuestras convicciones se forman a partir de unas ideas que se nos confirman, o así nos lo parece, mediante la propia experiencia y tienen el **poder** de configurar nuestro grado de felicidad o de éxito llenándonos de una energía, negativa o positiva, contagiosa y que se transmite hacia nuestros actos.

Por ello, en el espacio que existe entre el nacimiento y la muerte, sea recto y llano, con altibajos o en espiral debemos elegir la vida que queremos vivir y así poder construirla con identidad.

«El secreto de la felicidad no está en hacer siempre lo
que se quiere, sino en querer siempre lo que se hace.»
—Lev Nikolaevich Tolstoi

«Dad al hombre salud y metas a
alcanzar y no se detendrá
a pensar sobre si es o no feliz.»
—Joaquín Bartrina

Margaret Hay

Impulsos hacia la felicidad

Tómate unos minutos, relájate en una
postura que te sea cómoda e interioriza
estos pensamientos:

❀ Mejorar el grado de felicidad personal,
   no es una utopía.

❀ Somos lo que pensamos y el pensamiento
   lo podemos cambiar. Lo que yo busco,
   también me busca a mí.

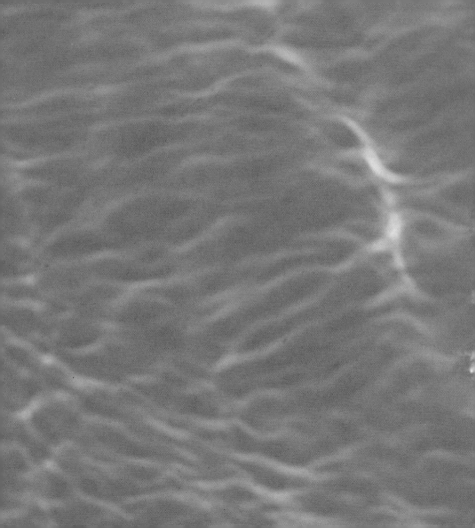

2 La única constante es el cambio

Margaret Hay

La felicidad radica en no resistirse al cambio

Cuando nos parece tener cierta estabilidad, de pronto algo inesperado, nos devuelve al caos espiritual, a la intranquilidad. Para conseguir el **equilibrio** necesario para nuestro objetivo final, ser feliz, debemos evolucionar y adaptarnos al cambio sin abandonar necesariamente nuestro ritmo de vida.

Para crear una actitud favorable a la innovación y el aprendizaje, es necesario visualizar los beneficios que esto nos podrá aportar, así aceptaremos mejor invertir nuestro tiempo y esfuerzo en tales actividades. De este modo, creamos certidumbre en el futuro, modificamos nuestros pensamientos y llegamos con más facilidad a la aceptación del cambio.

La felicidad puede hallarse en multitud de cosas, pero en realidad nace en nuestro interior. Surge durante la ausencia del dolor, en la tranquilidad y serenidad de un entorno seguro y controlado.

Margaret Hay

Crecimiento, oportunidad y elección

L as oportunidades pasan, no llaman a nuestra puerta, sólo se deslizan por delante de ella como una brisa pasajera. Uno debe decidir tomarlas y aprovecharlas, o no.

Ser receptivos es la clave para no perder la ocasión de avanzar y seguir nuestro camino. Hay que abrir la mente, el corazón, el alma, el espíritu, y todos los sentidos para saber reconocer o descubrir las opciones que nos depara el futuro.

El cambio es crecimiento y oportunidad. Tú puedes controlarlo; si quieres una vida mejor, de ti depende escoger mejor lo que haces y hacerlo tan bien como sepas. Debemos darnos opciones a nosotros mismos, tomar la iniciativa. Sólo tienes que dar una oportunidad a tus cualidades, potenciar las positivas y reconducir las menos agradables. En la vida, cuando se piensa y se quiere cambiar para mejorar la condición presente, se debe saber que nada

25

cambiará si no se abre la mente y el corazón con el objetivo de reconocerse y escucharse, permitiéndose la **creatividad** sin trabas, admitiendo las equivocaciones y aprendiendo de los errores pasados y presentes, de acuerdo con una actitud renovada y siempre conciliadora con uno mismo.

Para ello, no es necesario transformarse en la persona que nunca se ha sido; es más, hacerlo no es aconsejable.

«Dormí y soñé que la vida era gozo.

Desperté y vi que la vida era deber.

Actué y, entonces, la vida fue gozo.»

—Rabindranath Tagore

«La felicidad es darse cuenta de

que nada es demasiado importante.»

—Auguste Comte

Margaret Hay

Impulsos hacia la felicidad

Respira profundamente, relájate y medita:

❀ Todo va a cambiar según mi pensamiento. El cambio que es necesario, es bueno para mí y no quiero evitarlo. Lo gestionaré.

❀ No huiré de mí mismo y me daré tantas oportunidades como sean necesarias.

Si la vida se
mueve, yo
me muevo
con ella

3 Vivir el presente

Margaret Hay

Afronta, vive el presente con valentía e ilusión

Vivir el presente. Parece algo evidente, pero hay quien se encalla en el pasado, en lo que ya no existe. Anhelar ese momento en el que nos hemos sentido gozosos y satisfechos, más allá del natural recuerdo y estar tan ensimismados en ello, nos puede dejar incapacitados para saborear el instante que estamos viviendo, negándonos todos sus detalles, ocultándolos sin poderlos aprovechar, sean éstos agradables o desagradables.

Eso puede llevarnos a una de las consecuencias más recurrentes de la melancolía y del sentimiento de infelicidad: la falta de resolución para salvar obstáculos y solucionar problemas. Debemos tomarnos la vida con ilusión y valentía.

Del mismo modo, si fantaseamos en exceso con lo que el futuro nos depara y nos abstraemos especulando y depositando nuestras máximas esperanzas en él, nos estamos preparando mal para acoger la felicidad.

Margaret Hay

La vida real
tiene lugar ahora

Si pasamos sobre el presente con apatía, distraídos, apresurados e inquietos, nos faltará concentración. No huyas del presente y concéntrate en los aspectos positivos de lo que estás haciendo en aquí y ahora. Soluciona tus problemas hoy mismo. No te pases la vida diciendo lo que vas a hacer, hazlo. Con el simple paso a la acción vas a empezar a lograr tus propósitos; pero ten en cuenta que la vida no siempre es justa y fijarse unos objetivos realizables no es garantía de logro. Los malos tragos existen y es mejor no desperdiciar tiempo y fuerzas en preguntarte «¿por qué?» o «¿por qué a mí?». Transforma ese pensamiento en positivo, tomando los posibles fracasos como un aprendizaje que te ayudará a crecer y a madurar. Recoge esa experiencia, te servirá en posibles baches futuros.

Vivir el **present**e es vivir en presente, es tener una relación sana con uno mismo, vivirse conscientemente; la mayor dificultad para hacerlo está en lo que

nos mantiene alejados de nosotros mismos, en el sufrimiento no resuelto y en hábitos adquiridos a lo largo
de nuestra vida que nos empujan a una rutina poco
propicia a la reflexión y a la meditación. Nuestro anhe-
lo por vivir *un más y mejor* requiere saber gestionar
constructivamente lo que nos puede desestabilizar.

Estamos programados para funcionar sin más, sin
detenernos en el análisis, pero la sustitución de un
hábito por otro que nos permita vivir en presente

requiere un esfuerzo de observación y reeducación. Por otra parte, si queremos ser felices debemos ser realistas. Hacer realidad algunos de nuestros sueños comportará probablemente encontrar algunas espinas y deberemos aprender a convivir con ellas.

«La vida sólo puede entenderse volviendo la vista atrás; pero debe vivirse hacia delante.»
—Sören Kierkegaard

Margaret Hay

Impulsos hacia la felicidad

Apacigua tu mente y medita:

❀ Voy a ser consciente de mi rutina.

❀ Hoy emprenderé algo que llevo tiempo
diciendo que haré.

❀ No huiré del presente, lo afrontaré y
lo disfrutaré.

Vivir el presente
es procurarse energía
para el futuro

4 Estados de ánimo

Margaret Hay

Hijos del Sol
y la Luna

El Sol es fuente de vida, nuestro planeta depende de él y nosotros somos parte del planeta, así que su incidencia o su ausencia también nos influye. La influencia de la Luna está relacionada con las mareas. El cuerpo humano al estar compuesto por tres cuartas partes de agua está unido a las fases lunares y, aunque no está demostrado, quizá también tengamos mareas internas responsables de los altibajos en nuestro estado de ánimo. Así como el sol anuncia el amanecer, el día y la vida consciente, la luna representa el anochecer, la noche y el inconsciente.

De modo habitual, las personas percibimos un amplio abanico de estados de ánimo y de expresiones afectivas, de los cuales creemos poder controlar los propios. Cuando tenemos la sensación de que no los controlamos, experimentamos malestar. Pero quizás asumir que somos parte de esa interacción con la naturaleza nos puede ayudar a comprenderlo.

Margaret Hay

Escuchar nuestro desequilibrio anímico

Como ya es conocido, la depresión es una enferme-dad que afecta a nuestro estado anímico, incide en nuestros pensamientos y en nuestro organismo en general. Es un sentimiento que persiste y modifica negativamente nuestra funcionalidad, produciendo cambios a largo plazo, afectando la función de diferen-tes neurotransmisores. Como consecuencia, aumenta el grado de vulnerabilidad frente a posteriores trastornos del estado de ánimo.

Aunque situaciones estresantes como la pérdida del cónyuge o de un progenitor, preceden con frecuencia a los primeros episodios de un trastorno depresivo mayor, sentirse triste, melancólico y derrotado es una experiencia común en la mayoría de los seres humanos; todos los seres humanos, en determinadas circunstancias, podemos deprimirnos sea cual sea nuestra naturaleza, sin embargo, no todas las personas que están tristes, tienen un trastorno depresivo.

Escuchar y reconocer los sentimientos negativos y el estado anímico que provocan en nosotros nos ayudará a manejarlos y a encontrar el equilibrio que necesitamos para no volver a caer en un estado depresivo.

Utilizar la risa como terapia puede beneficiarnos y no perder el sentido del humor en momentos dolorosos y difíciles puede ser una forma de mantener la cordura y un estímulo físico y emocional necesario para superar un período crítico.

«Buscas la alegría en torno a ti y en el mundo. ¿No sabes que sólo nace en el fondo de tu corazón?»
—Rabindranath Tagore

«El hombre sufre tan terriblemente en el mundo que se ha visto obligado a inventar la risa.»
—Friedrich Wilhelm Nietzsche

Margaret Hay

Impulsos hacia la felicidad

❀ Sea cual sea el lugar dónde te encuentres busca los rayos del sol, acomódate, cierra los ojos unos minutos y sé consciente de su irradiación: el sol puede ser un antídoto eficaz para tu tristeza interior.

❀ Hoy buscaré la alegría y me reiré.

Escucha tu
naturaleza

5 Felices ante la adversidad

Margaret Hay

Salvados
por la esperanza

Somos felices cuando no estamos sufriendo y debemos comprender el sufrimiento antes de preguntarnos para qué sirve la felicidad. Ser realistas para saber aceptar que las cosas no siempre son como uno desea y espera nos ayudará a controlar la frustración y el dolor que encontraremos en la vida.

Las cosas, las relaciones y las ideas son imperdurables, no ser consciente de eso siempre termina por hacernos desdichados. Buscamos la felicidad en ellas, sin darnos cuenta de su temporalidad y así el dolor se convierte en nuestro constante compañero.

Sin embargo, en la dificultad debemos aprender a confiar en el cambio, en nosotros mismos, en nuestras amistades... en esa luz interior que nos indica el camino con nueva ilusión. En la adversidad nos salvamos por la esperanza. No detenernos y reconocer que la vida sigue es nuestro reto y nuestra línea de flotación.

Margaret Hay

Descansando del dolor

En ocasiones toda la felicidad que queremos alcanzar está en el descanso del dolor, puede decirse que deseamos la felicidad porque estamos sufriendo, porque hemos perdido a alguien o porque no hemos tenido éxito; buscamos la felicidad por reacción.

Pero cuando la mente pueda ir más allá, encontraremos que existe una felicidad que nos equilibra y nos hace fuertes ante cualquier contratiempo. Tocar fondo nos da cierta perspectiva para ser más objetivos, para preguntarnos si nuestras desgracias actuales són las peores que hemos sufrido y sacar fuerzas de lo vivido; para recordarnos a nosotros mismos que esa situación desagradable o esa etapa difícil de nuestra vida pasará. Gracias a esa perspectiva quizá descubramos que somos más resistentes de lo que imaginábamos y que efectivamente somos capaces de apagar nuestro dolor.

Margaret Hay

Serenidad ante todo

No te dejes desbordar por un revés, aunque parezca que todo se hunde. Afróntalo con la mayor serenidad del mundo. No es que debas cerrarte a las emociones que provocan los conflictos pero sí debes mantenerlas bajo control y valorar los hechos en su justa medida.

Aprovecha las situaciones adversas para descubrir caminos que nunca hubieras tomado e intenta no atormentarte con las malas experiencias que te depara la vida de vez en cuando, pueden ser una excelente ocasión para fortalecerte y descubrir que en la oscuridad se vislumbran mejor las estrellas y siempre puedes encontrar alguna que no habías visto antes.

«La adversidad depende menos de
los males que sufrimos que de la imaginación
con que los padecemos.»
—François Salignac de la Mothe, *Fénelon*

Margaret Hay

Impulsos hacia la felicidad

Dedícate unos minutos diarios a ti mismo,
relájate, vacía la mente y encuentra tu fuerza
interior para superar la situación.

❀ Nada dura eternamente,
   la desgracia tampoco.

❀ Hoy compartiré el sufrimiento
   para no pasar el dolor en soledad.

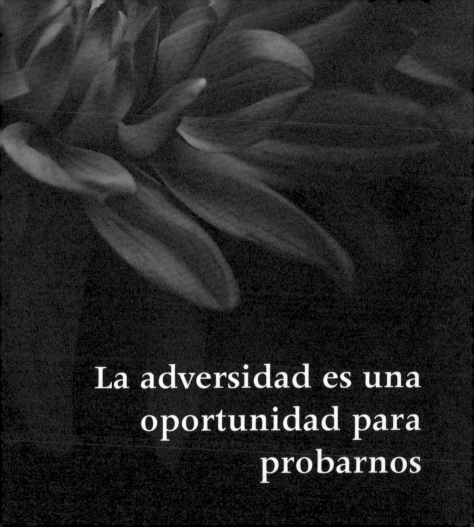

La adversidad es una
oportunidad para
probarnos

6 El fluir de las emociones

Margaret Hay

Gestionar
las emociones

Emociones y sentimientos son componentes básicos del ser humano y su comportamiento, a través de ellos nos identificamos y nos vinculamos a nuestro entorno. Si bien es cierto que nuestro comportamiento tiende de forma natural al placer, al afecto, a la solidaridad, y también a la destrucción, no lo es menos que las emociones son susceptibles de aprendizaje. Es importante comprenderlas y saberlas administrar para adquirir ese estado de bienestar que deseamos cuando proclamamos nuestra ansia de felicidad, esa tranquilidad que nos **ayuda** a reconocer nuestras propias destrezas y propicia la sensación de autorrealización, de estar bien con uno mismo.

Saber gestionar nuestras emociones nos capacita para hacer frente al estrés normal de la vida, trabajar de forma productiva y ser útiles al **prójimo**; también aumenta nuestras habilidades y nos permite alcanzar nuestros propios objetivos.

Margaret Hay

Equilibrio interior

Si buscamos un mayor grado de felicidad, ante todo, necesitamos un mayor grado de equilibrio interno, de este modo obtendremos una percepción correcta de la realidad que nos ayudará a tolerar mejor el sentimiento de frustración.

Las emociones corresponden a estados mentales relacionados con nuestras creencias y nuestros deseos. Percibir las emociones resulta necesario para la resolución de problemas y la toma de decisiones, e implica

conocerlas y por lo tanto expresarlas. Dejaremos fluir
las emociones para aprender cómo pueden intervenir
positivamente en nuestro pensamiento y así, ajustarlas
a las tareas que debamos realizar.

Para poder modificar tu estado de ánimo, debes
procurar realizar actividades que provoquen en ti
emociones positivas y te hagan sentir que eres tú
mismo, aunque suponga un esfuerzo por tu parte. Las
experiencias emotivas negativas —malestar, tristeza,

dolor, soledad, apatía, ansiedad— también forman parte de nosotros y no podemos reprimirlas sin más. Desear dejar de experimentarlas sin estar dispuesto a sentirlas es lo que debes evitar. Su aceptación forma parte de tu propia salud mental.

Una vez hayas aceptado que los sentimientos negativos también conforman tu naturaleza estarás más cerca de saber manejarlos a tu favor. A medida que cedas paso a tus emociones y fluyan, te sentirás mejor, más **sereno** y feliz; dejarás de ser tu peor enemigo. Hasta que eso llegue, no te importe fracasar en tus intentos para reprogramarte, más bien felicítate por el mero hecho de intentarlo aunque no lo hayas conseguido, ya irás encontrando la manera de pensar y **sentir** positivamente sobre ti mismo y la vida.

Margaret Hay

Impulsos hacia la felicidad

Una buena manera de tirar del hilo de las emociones es escribir sobre ellas, resulta terapéutico, revelador y liberador.

❀ Dejaré fluir mis emociones y así las comprenderé mejor.

❀ Voy a plasmar mis sentimientos sobre el papel y me prepararé para el cambio.

Desahógate,
lo verás todo
más claro

7 Una mente sana en un cuerpo sano

Margaret Hay

Mantenernos
en forma

Algunos estudios aseguran que hacer ejercicio, reducir el estrés, llevar una dieta equilibrada o considerarse joven ayuda a mantener la salud del cerebro. También funciona a la inversa, ser positivo y optimista tiene efectos sobre el sistema inmunológico y se sabe que los optimistas viven más.

Tener una vida feliz y gratificante resulta más fácil con un cuerpo y una mente sanos. Sin embargo, para mantener un buen estado de salud no basta con confiar en los médicos y terapeutas. Los dolores, el malestar y el cansancio son un lastre para nuestro bienestar y nosotros mismos tenemos que saber lo que podemos hacer para mantener y mejorar nuestra salud.

Para gozar de buena salud también debemos hacer ejercicio físico, nos ayudará a mantenernos saludables por fuera y por dentro, sobre todo si lo practicamos con regularidad, y siempre y cuando no forcemos nuestro cuerpo más allá de su capacidad.

Margaret Hay

Prácticas como el Tai Chi o el Yoga son beneficio-
sas tanto para el cuerpo como para la mente, nos
ayudan a mantenernos positivos y más receptivos. Sea
cual sea la forma de ejercicio que elijamos, es importante que la practiquemos de forma continuada para
mantener nuestro organismo en óptimas condiciones.

También una dieta equilibrada en nutrientes y vita-
minas juega un papel importante en la estabilidad
tanto corporal como mental. A menudo, las prisas, los

compromisos o las preocupaciones, junto a muchas otras razones, nos empujan a descuidar este aspecto.

«El que quisiere tener salud en el cuerpo,
procure tenerla en el alma.»
—Francisco de Quevedo

«Parte de la curación está en la voluntad de sanar.»
—Séneca

Margaret Hay

Desahogo y descanso, reparadores de armonía

Uno de los secretos para alcanzar una armonía que nos proporcione bienestar y nos ayude a sentirnos más felices es saber darle a nuestro cuerpo el tiempo necesario para descansar y restablecerse.

Por otra parte, los transtornos emocionales también interfieren en el flujo de la energía interna, pudiendo causar alteraciones en las funciones de tu cuerpo y, en el caso de prolongarse demasiado, una salud enfermiza. Por lo tanto, el enfado, las frustraciones, la ansiedad, los deseos insatisfechos, etc., pueden llegar a ser los verdaderos causantes de algunas enfermedades. Por esta razón es tan importante el desahogo emocional. Tu espíritu debe llorar, no debe contenerse, necesita liberar sus tensiones para que tu cuerpo no sea el que llore.

Saber utilizar tus recursos físicos y mentales, saber cuál es el momento propicio para desempeñar tus actividades y cuál el más apropiado para el descanso, es una forma de recuperar tu energía y tu vitalidad.

Margaret Hay

Impulsos hacia
la felicidad

❀ No envejeceré antes de tiempo.
Hoy mismo empezaré a mejorar mi
alimentación.

❀ Cuidar mi cuerpo es cuidar mi mente
y cuidar mi mente es mantenerme sano.

❀ Dormir demasiado no es más que una
pérdida de tiempo.

Mima tu cuerpo y
tu espíritu
para que ellos
te mimen

8 Contactar con la naturaleza

Margaret Hay

Somos parte del Universo

Una forma eficaz de combatir la tristeza, la melancolía y fomentar la autoestima y la felicidad consiste en abrirse a la **naturaleza**. En nuestra sociedad estamos tan inmersos en nuestro quehacer cotidiano que pocas veces sabemos gozar de los elementos que nos brinda el Universo. Dependemos de la naturaleza para nuestra supervivencia como seres vivos, pero también la necesitamos para que nos oriente hacia la salida de nuestras obsesiones.

Cuando nos sentimos perdidos, cuando estamos enfrascados en nuestra actividad diaria o cuando estamos encallados en el recuerdo o el anticipo, nos viene bien sentirnos parte del Cosmos.

Cuando sentimos malestar es porque nos hemos olvidado de estar donde está la vida, de ser nosotros mismos, de permanecer en silencio, de escuchar la vida de las plantas, las rocas, los animales.

Margaret Hay

Reconectar

Siempre que puedas visita el bosque, el mar o la montaña, dedica parte de tu tiempo a descubrir los parques y jardines de tu ciudad o rodéate de plantas, sea como sea, siente en ti la fuerza de la vida, serénate, mira y escucha. Observa, respira y siéntete parte de ello, no estás solo.

Es una armonía que también está en ti y el contacto con la naturaleza te ayuda a reconectar con ella y recuperar la paz interior que necesitas para sentirte bien contigo mismo, para sentirte feliz. Todos somos parte de la vida que se manifiesta en una infinidad de formas en todo el Universo, interconectadas. Si nos hemos separado de esa conexión, podemos reconectar de nuevo, nuestro ser corporal y psíquico nos lo agradecerá.

La naturaleza puede llevarte a la calma y ese es su gran regalo. Cuando le damos la espalda, nos estamos negando nuestro propio crecimiento.

Reconectarnos implica abandonar los mensajes recibidos anteriormente y sus recuerdos, afrontar los miedos e inseguridades, contactar con nuestra propia naturaleza y no dejar que la vida siga su curso sin nosotros.

«Al final, lo que importa no son los años de vida, sino la vida de los años.»
—Abraham Lincoln

«Vivimos en una época peligrosa. El ser humano ha aprendido a dominar la naturaleza mucho antes de haber aprendido a dominarse a sí mismo.»
—Albert Schweitzer

«La naturaleza benigna provee de manera que en cualquier parte halles algo que aprender.»
—Leonardo Da Vinci

Margaret Hay

Impulsos hacia
la felicidad

❀ Haz una excursión al bosque, estírate en el
suelo y respira profundamente.

❀ Toma el sol durante 10 minutos, mientras,
escucha el silencio, la brisa en la vegetación.

❀ Hoy observa la noche, la luna, las estrellas,
los sonidos: tú formas parte de ese Universo.

Sé consciente
del Universo,
te sentirás
menos solo

9 Imaginación y creatividad

Margaret Hay

La imaginación creativa

La **felicidad** suele ser también obra de la creatividad humana, da una dimensión especial a nuestra existencia como personas. Explorar nuevos caminos en nuestra vida es más fácil si utilizamos la imaginación. Sé creativo e introduce, poco a poco, pequeños cambios en el trabajo, en la decoración de tu hogar, en las relaciones personales, en tu tiempo libre, en tu apariencia personal, en tu vida amorosa, en la mesa y la comida… en tu plan de vida. Son felices quienes usan la imaginación para apreciar, reconocer y gozar de las cosas más sencillas. Aprovecha todas las oportunidades para explorar nuevos senderos. Cuando te encuentras confundido, la creatividad y la imaginación pueden ser la mejor solución para encontrar tu camino ante la adversidad. Cultívalas.

La imaginación creativa es más que una visualización, ya que en ella se usan todos los sentidos: la vista, el oído, el olfato, el tacto, sentimos, probamos...

Con la imaginación creativa nos relajamos, meditamos, nos concentramos en una imagen o visión que nos produce bienestar y felicidad, puede ser un viaje que disfrutamos hace un tiempo, una escena de cómo nos gustaría pasar nuestro tiempo libre, etc. A continuación nos imaginamos alcanzando un objetivo que nos hemos propuesto —como una nueva vida, mejores ingresos o sanar nuestro cuerpo...— o simplemente continuamos meditando.

Visualizar es imaginar. En la imaginación creativa concentramos nuestra energía en un único objetivo cada vez, hasta que lo vamos focalizando. Esto nos llena de energía, confianza y seguridad, entrando en un estado de armonía y paz interior del que nuestro cuerpo también se beneficia.

Margaret Hay

Atraemos lo que imaginamos

La visualización creativa la hacemos conscientemente, formamos imágenes en nuestra mente de lo
que queremos lograr, estas imágenes son llevadas a
nuestro subconsciente para que atraiga los hechos y
personas que nos llevarán al cumplimiento de nuestras
metas.

Con la visualización creativa dirigimos nuestros
pensamientos y podemos **atraer** lo que imaginamos.
Educar la imaginación está al alcance de todos.

«En los momentos de crisis, sólo la imaginación es más importante que el conocimiento.»
—Albert Einstein

«La imaginación tiene sobre nosotros mucho más imperio que la realidad.»
—Jean de la Fontaine

Margaret Hay

Impulsos hacia la felicidad

✿ Procúrate un sitio tranquilo, donde no seas interrumpido. Siéntate relajadamente o estírate, cierra los ojos. Respira lentamente, sintiendo la respiración profundamente.

✿ Visualiza un lugar hermoso y fresco, escucha el sonido del aire, del agua al caer, imagina la sombra de los árboles y los colores, siente la brisa en tu piel, siente los sabores de tu boca. Experimenta con todos tus sentidos.

Imagínate
haciendo lo
que quieres y
lo harás

10 Sin máscaras

Margaret Hay

Esconder la verdad

Los seres humanos utilizamos máscaras a diario; las máscaras nos sirven para eludir la realidad, para encubrir… Es una manera de defendernos, de protegernos ante los demás y de ocultar nuestras debilidades. Pero para encontrar la verdadera felicidad lo mejor es ir apartando estas máscaras de nosotros.

Quedarnos con el disimulo nos transforma en personas incompletas y ofuscadas. El disimulo es un artificio que aparenta no saber nada de nuestro lado malo pero también se olvida de nuestra condición humana, con nuestras virtudes e imperfecciones. El disimulo pretende borrar lo que somos para sustituirlo por una situación irreal, donde todo es correcto y todos somos perfectos, donde no cometemos errores, no mentimos ni somos feos. El disimulo sólo crea un mundo de mentiras, privándonos de la plenitud de la autenticidad.

Margaret Hay

Ser transparentes

Para VIVIR, debemos saber mostrar nuestro interior tal cual es, de forma espontánea. Nuestra **alma** con su **luz** y nuestras acciones con su **sombra**.

Pero no siempre es fácil tener una personalidad **transparente**. La máscara se transforma en un arma y una defensa ante la vida social diaria, y sin caer en la hipocresía, ciertas máscaras pueden ser útiles para la **convivencia**, convirtiéndose, aunque no queramos admitirlo, en herramientas de **tolerancia**. Vivimos en una sociedad —la occidental— donde los raros son los que reconocen su lado oscuro, por ello nos resulta tan difícil mostrarnos transparentes.

Desde pequeños hemos aprendido a reprimir esa parte sombría de nosotros, etiquetándola, entre todos, como una conducta inapropiada, y se nos ha requerido que mostráramos nuestra buena educación.

Todo ello es consecuencia de nuestra forma de convivir socialmente —a lo largo de toda la historia— en torno a tres ideas que no hemos podido, o sabido, dejar atrás: el bien, la verdad y la belleza.

El secreto para la ansiedad y alcanzar la tranquilidad y la esperanza radica en asumir que somos una unidad compleja donde el acierto y la perfección combinan constantemente con el error y la frustración.

«La verdad es totalmente interior. No hay que buscarla fuera de nosotros ni querer realizarla luchando con violencia contra enemigos exteriores.»
—Mahatma Gandhi

«Todos ven lo que tú aparentas; pocos advierten lo que eres.»
—Nicolas Maquiavelo

Impulsos hacia la felicidad

Medita:

❉ ¿Te muestras tal como eres?, ¿dices lo que piensas?, ¿te cuesta mucho esfuerzo mantener la imagen que los otros tienen de ti?

❉ Visualiza una situación en la que serás transparente y dirás lo que piensas, sin sentirte incómodo por ello.

Sé tú mismo,
vivirás más
tranquilo

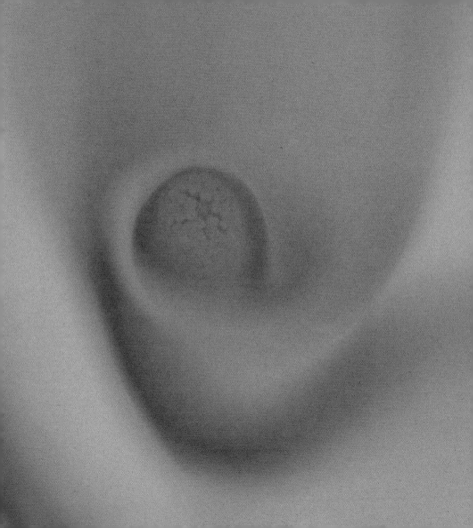

11 El sentido de la vida

Margaret Hay

La pregunta que debemos hacernos

¿**C**uál es el sentido de la vida? Vivir permanentemente en el presente, disfrutando de todo, obedeciendo a los impulsos del corazón… y haciendo lo que nos haga más felices en cada momento.

Sientes por primera vez el sentido de tu vida cuando sufres un gran estremecimiento emocional o está en peligro tu vida. Puedes sentirlo en las pequeñas cosas, como escuchar el suave trino de los pájaros al amanecer, caminar bajo la lluvia de un atardecer primaveral u oír el peculiar sonido de los grillos al anochecer. Cada uno de nosotros debe encontrar su propio sentido a la vida y éste nos permitirá aprovechar al máximo nuestra travesía por este mundo.

Margaret Hay

Dónde encontrar
la respuesta

Cada uno de nosotros necesita encontrar sus propias respuestas, descubrir la propia **verdad**. Esto es de capital importancia para poder alcanzar una vida llena de significado y estar satisfechos con nosotrsos mismos. Poder vivir con verdadero **sentido** nos proporciona una satisfacción que nos llena de significado.

La ausencia de un sincero propósito en la vida nos llevará a buscar otras cosas con las que llenar ese vacío, y al hacerlo le estamos dando la espalda a nuestro impulso interior, que nos motiva a buscar dentro de nosotros mismos las respuestas.

Por otra parte, mientras todo va bien, no solemos preguntarnos sobre el sentido de la vida. Al contrario, esto ocurre cuando se rompe la ilusión, cuando experimentamos el fracaso. Estas situaciones inevitables son las que nos planetan la pregunta y, aunque la respuesta está más allá de nuestra vida cotidiana, la realización de un sentido de vida se inicia cuando nosotros mismos buscamos actuar en nuestro día a día para poder cumplir nuestros anhelos.

Al reconocer todo lo anterior, tomamos conciencia de que el sentido de la vida está íntimamente relacionado con asumir nuestra responsabilidad en la propia existencia. Debemos ser los creadores de nuestra vida y no ser unos meros observadores pasivos; encontrar su objetivo depende sólo de nosotros.

«El único error de Dios fue no haber dotado al hombre de dos vidas: una para ensayar y otra para actuar.»
—Vittorio Gassman

«En la vida hay algo peor que el fracaso: el no haber intentado nada.»
—Franklin Delano Roosevelt

Margaret Hay

Impulsos hacia la felicidad

❀ Despiértate temprano para poder caminar tranquilo antes del ajetreo diario y oler el delicioso aroma a fresco… escuchar los cantos de los pájaros y las calles todavía en paz.

❀ Desde hoy empezarás a actuar para conseguir tus anhelos.

Siempre hay algo
por lo que merece
la pena vivir

12 La felicidad es amor

Margaret Hay

Amor y proyecto de vida

La felicidad conlleva un sentido intrínsico de búsqueda, que responde a la realización personal e intransferible del propio proyecto de vida. La propia felicidad forma parte del propósito afectivo que todos nos planteamos; un propósito subjetivo que requiere estar diseñado por nosotros y debe satisfacer las inquietudes, aspiraciones y deseos particulares que reflejan nuestra forma de pensar y de interpretar el mundo que nos rodea.

Amar significa estar en sintonía con aquello que se ama y en ello reside la felicidad. No es posible que encontremos la felicidad sin amor, es uno de sus ingrediente indispensables. Pero el amor en sí no es suficiente, hay que integrarlo en nuestro proyecto de vida, pues él nos da fortaleza y consuelo para superar todas las dificultades que puedan presentarse en nuestro quehacer diario, presente y futuro, y sobre todo en los malos momentos.

Margaret Hay

Amor es generosidad

Amor es generosidad porque amor es entrega, al prójimo y a ti mismo. Es un amor desinteresado que te hace sentir bien cuando lo recibes, pero ofrecerlo te procurará mayor sensación de bienestar. Actuar con altruismo te ayudará a encontrar la paz interior que buscas, a disfrutar plenamente de las oportunidades que se te brinden y a afrontar los contratiempos con optimismo; con todo ello verás aumentada tu autoestima.

Autoestima, optimismo y altruismo te predisponen al bienestar del otro, pero también a ser generoso contigo mismo, de este modo se retroalimentan y el amor llega a ser felicidad.

«Amar consiste en encontrar en la felicidad de otro la propia felicidad.»
—Gottfried W. Leibnitz

Margaret Hay

Dar sin esperar nada a cambio

Si damos todo nuestro amor, tendremos más que quien lo ahorra y guarda para sí. Dar amor es importante; y cuando lo damos sin pensar en la correspondencia, recibimos más, casi de forma inmediata. El secreto del éxito está en dar.

Para conseguir alegría, dicha, amor... debemos dar y dispersar alegría, dicha, amor. Es una decisión que debes tomar tú, y sólo con tomarla ya te sentirás más afortunado. Además, también aumentarán tus posibilidades de atraer y enamorar a alguien. A todo el mundo le gusta una persona feliz. Sólo cuando te dediques a serlo en el presente, aparecerá el amor en tu vida, como por encanto.

«Creedlo, para hacernos amar no debemos preguntar nunca a quien nos ama: *¿Eres feliz?*, sino decirle siempre: *¡Qué feliz soy!*»
—Jacinto Benavente

Margaret Hay

Impulsos hacia la felicidad

Siéntate relajadamente, cierra los ojos.
Respira profundamente:

❋ Hoy te regalarás a ti mismo tiempo para
   disfrutar de tus aficiones o de alguna
   actividad gratificante.

❋ Ayuda a alguien que esté necesitado.
   Sé generoso sin esperar nada a cambio.

Da sin esperar nada a cambio y recibirás abundancia

13 Afrontar el miedo

Margaret Hay

Superar el temor

Cuando nos encontramos en una nueva situación o corremos algún riesgo, experimentamos una angustia interior que puede llegar a paralizarnos. Es el miedo, miedo al cambio y a lo desconocido, miedo a expresar nuestras emociones, miedo a mostrarnos tal como somos... Este miedo no nos permite avanzar.

El secreto para superarlo está en sentir el miedo y a pesar de sentirlo, hacerlo. Sea cual sea el grado de inseguridad que puedas tener, descubrirás que una parte de ti sabe que puedes afrontarlo y que eres más capaz de lo que creías.

Superar los temores que frenan nuestra capacidad para salvar obstáculos no es una tarea fácil, hace falta mucho esfuerzo para incorporar nuevos conceptos en nuestra conducta y así, poder reaccionar. Hoy es el día perfecto para que abras una puerta a la valentía.

Margaret Hay

Confía en
tus habilidades

Para disminuir tu miedo debes aumentar la confianza en tus habilidades. Puedes encararte a cualquier cosa que se te ponga por delante.

A medida que vayas progresando y avanzando en tu vida, te encontrarás a menudo con nuevas situaciones y el miedo siempre estará al acecho. La única forma de liberarte de él cuando vayas a hacer algo, es hacerlo. Esa es la única manera de sentirte mejor y aliviado.

Este sentimiento de temor frente a lo desconocido no está sólo en ti, lo mismo nos ocurre a todos los demás. Cuando dominamos aquello que primero ha sido desconocido, despertando el miedo en nosotros, cuando aprendemos sus rutinas, el miedo se desvanece y aumenta la confianza en nosotros mismos.

Margaret Hay

El miedo no es el verdadero problema

La cuestión reside en cómo dominamos el miedo. Vivir con el miedo subconsciente de la impotencia es peor que vencerlo y eso sólo se pude hacer de forma consciente. La clave para dominar el miedo está en trasladarse de una posición de dolor a una posición de poder, del poder de nuestro interior, del poder sobre las percepciones del mundo, poder para crear alegría y satisfacciones, para dominar las reacciones ante situaciones diversas.

Efectuar ese **cambio** del dolor al poder es mucho más fácil si adoptas un nuevo vocabulario: en lugar de decir *no puedo*, vas a decir *no lo haré*, en lugar de *debería*, *podría*; en lugar de *es un problema*, dirás *es una oportunidad*; en lugar de decir *la vida es una lucha*, dirás *la vida es una aventura*.

Impulsos hacia
la felicidad

❋ Pon música. Estírate con los ojos cerrados
y déjate invadir por las notas.
Recargarás tu energía.

❋ Establece algunos rituales como escribir lo
que te preocupe; dedica unos minutos del
día a planificar tu jornada, pero sin
obsesionarte por cumplir todo lo de la lista.

El miedo de hoy
lo dominaremos
mañana

14 Aprender a aceptar el pasado

Margaret Hay

El fracaso nos hace crecer

Para fomentar nuestra felicidad futura debemos aceptar los aspectos negativos de nuestras acciones pasadas. Si lo vivido nos causa tristeza, melancolía, odio o malestar, dejemos fluir nuestras emociones, démosles espacio para que se manifiesten y así poder continuar con nuestra vida.

Aprendemos de nuestros errores y cuando fracasamos, ganamos en sabiduría. No alcanzar nuestras metas sólo demuestra que somos creativos, que nos arriesgamos y que estamos dispuestos a probar cosas nuevas. Todos cometemos errores, pero no hay que dramatizarlo, ocurre y basta; si no fuéramos imperfectos no tendríamos nada que aprender y tampoco progresaríamos.

De este modo, construiremos nuestra felicidad en el presente, sabremos positivamente que somos capaces de pasar página de una forma sana, y desaparecerá nuestro temor a no encontrar la felicidad.

Margaret Hay

Vivir el presente
para aceptar el pasado

Las desgracias, cuando suceden, suelen ser incomprensibles. Sin embargo, es mejor no malgastar tiempo y esfuerzos lamentándose. El pasado no se puede cambiar. En lugar de eso, piensa cómo evitarlas la próxima vez o, si son inevitables, cómo vas a afrontarlas.

Una manera de hacerlo es vivir en el presente, actuar, disfrutar de los pequeños buenos momentos que nos brinda el paso por nuestra existencia. Abramos todos nuestros sentidos a la vida.

Cuanto más satisfechos podamos vivir nuestro camino hacia delante, antes seremos capaces de volver la vista atrás con comprensión, paz y tranquilidad. Sin embargo, piensa que si no conservas los recuerdos dolorosos, los demás pierden su valor.

«Aprendí que no se puede dar marcha atrás, que la esencia de la vida es ir hacia delante.»

—Agatha Christie

Margaret Hay

Cómo neutralizar
los malos recuerdos

No hay mal que por bien no venga, este refrán popular resume la clave para pasar los malos tragos de la mejor manera posible. La pregunta que podemos formularnos ante recuerdos dolorosos recurrentes es ¿qué puede haber de bueno en todo lo ocurrido?, y constituye una gran ayuda para ser más positivos en la vida.

De este modo lograremos eliminar la parte negativa del recuerdo en nuestra mente y podrá mostrarnos las oportunidades que de otra manera podrían pasar inadvertidas.

Si te formulas la pregunta anterior cuando te sientas molesto o demasiado preocupado por algo que ha ocurrido, en pocos instantes recuperarás una agradable sensación de paz.

Margaret Hay

Impulsos hacia la felicidad

❋ Escoge una película cuyo argumento se relacione con los sentimientos y las emociones que provoca en ti ese recuerdo del pasado y déjate llevar.

❋ Utiliza la imaginación creativa para visualizarte en un futuro mejor. Abre todos tus sentidos.

La adversidad
nos fortalece

15 Renovar la energía

Margaret Hay

Elección de vida

Una alimentación equilibrada es una buena base para obtener la energía necesaria para afrontar el día y mantener una actitud positiva ante la vida. También es importante hacer ejercicio, porque reduce el estrés y activa la producción de endorfinas, aumentando la sensación de bienestar.

La felicidad es una elección que puedes hacer en cualquier momento y en cualquier lugar. Tus pensamientos son los que te hacen sentir feliz o desgraciado, no tus circunstancias. Eres capaz de cambiarte a ti mismo, y al hacerlo, el mundo cambiara contigo porque tú lo habrás interpretado de forma distinta. Lo único que podemos controlar de la realidad son nuestros pensamientos. Puedes escoger sentirte mejor.

El presente es el futuro del pasado y la felicidad se puede encontrar en cada instante vivido; aprende a vivir el presente sin las huellas negativas del pasado ni excesivas expectativas en el futuro. La vida siempre va a sorprenderte, así que recuerda que la Felicidad no es un destino, sino un camino. Disfruta de cada momento como si en él se mezclaran tu pasado, tu presente y tu futuro. Cuando defallezcas, sal y respira aire fresco, toma el sol, observa la naturaleza, y si en ese momento te resulta difícil hacerlo, visualízalo, siempre puedes usar la imaginación creativa.

Ámate a ti mismo tal como eres. Creer en uno mismo da resultados. Cuanto más te conozcas, mejor serán tus relaciones con los demás y sabrás gestionar mejor tus sueños, tus metas y tus logros. Una meta es una ilusión que debes hacer realidad en un determinado momento. Un sueño es sólo eso, una ilusión que está fuera de la realidad. Así que atrévete a soñar, pero ilusiónate también por el logro de esos sueños sin miedo y faltará menos para que se hagan realidad.

Margaret Hay

Emociones positivas

La sonrisa es muy importante para mejorar nuestra autoestima, da luz y esperanza. Cuando sonreímos, nuestro cerebro recibe una señal de que todo va bien —aun sin sentirlo así—, nuestro sistema nervioso central libera endorfinas, y nuestra mente recibe una respuesta positiva. Mientras encierres en ti resentimientos, odios y otras emociones negativas, te será imposible ser feliz. Libérate del sufrimiento pasando página y perdonando.

Uno de los secretos para ser feliz es aprender a dar, sin esperar nada a cambio. Saber dar requiere estar bien con uno mismo, para ello necesitamos dejar fluir los sentimientos buenos y malos. Dirige tus anhelos hacia el Universo y, aunque te equivoques, seguro que llegarás lejos y habrás avanzado en tu camino...

«No está la felicidad en vivir, sino en saber vivir.»
—Diego Saavedra Fajardo

Margaret Hay

Impulsos hacia
la felicidad

Procúrate un sitio tranquilo, practica con
asiduidad la imaginación creativa.

❀ Visualiza un lugar hermoso, fresco, escucha el
sonido de la naturaleza y oirás la tuya propia.

❀ Proponte objetivos alcanzables, evitarás algunas
frustraciones y desengaños.
Sé feliz.

Toma aliento y
regenérate